BEI GRIN MACHT SICH IHR WISSEN BEZAHLT

- Wir veröffentlichen Ihre Hausarbeit, Bachelor- und Masterarbeit

- Ihr eigenes eBook und Buch - weltweit in allen wichtigen Shops

- Verdienen Sie an jedem Verkauf

Jetzt bei www.GRIN.com hochladen und kostenlos publizieren

Diagnose, Zielsetzung und Trainingsplanung zur Verbesserung der Ausdauer

GRIN☺

Bibliografische Information der Deutschen Nationalbibliothek:

Die Deutsche Nationalbibliothek verzeichnet diese Publikation in der Deutschen Nationalbibliografie; detaillierte bibliografische Daten sind im Internet über http://dnb.d-nb.de abrufbar.

ISBN: 9783346757326
Dieses Buch ist auch als E-Book erhältlich.

© GRIN Publishing GmbH
Nymphenburger Straße 86
80636 München

Druck und Bindung: Books on Demand GmbH, Norderstedt Germany
Gedruckt auf säurefreiem Papier aus verantwortungsvollen Quellen

Das Buch bei GRIN: https://www.grin.com/document/1292157

Deutsche Hochschule für
Prävention und Gesundheitsmanagement
Hermann Neuberger Sportschule 3
66123 Saarbrücken

Einsendeaufgabe

Fachmodul:	Trainingslehre 2
Studiengang:	Gesundheitsmanagement
Datum Präsenzphase:	12.11. – 14.11.2018
Studienort:	**Leipzig**
Semester:	**Wintersemester 2017**

Inhaltsverzeichnis

1 Diagnose

1.1 Allgemeine und biometrische Daten

Im Folgenden werden allgemeine und biometrische Daten zum Gesundheitszustand des Probanden dargestellt:

Tab. 1: Allgemeine und biometrische Daten

Allgemeine Daten	
Alter	28 Jahre
Geschlecht	männlich
Körpergröße	1,75 m
Körpergewicht	68 kg
Trainingsmotive	• Ausgleich zum Alltag • bessere Bewältigung von Alltagsbelastungen • Verbesserung der Fitness und Ausdauer
berufliche Tätigkeit	Lehrer für die Sekundarschule Fächer: Geschichte und Sport
sportliche Aktivität	frühere sportliche Aktivitäten: • Judo (Leistungsbereich Jugend, Landeskader Sachsen-Anhalt, diverse Landesmeistertitel und Mitteldeutscher Meister) • Kraftsport (3-4mal pro Woche)
zeitlicher Verfügungsrahmen	3mal pro Woche
Biometrische Daten	
Blutdruck	100/80 mmHg
Bewertung:	Anhand der Klassifikation von Blutdruck nach der WHO (1999) lässt sich der Normwertbereich für Blutdruck im systolischen Bereich bei 120 – 129 mmHg und

	im diastolischen Bereich bei 80 – 84 mmHg definieren. Somit ist der Proband im systolischen Bereich leicht unter dem Normbereich und im diastolischen Bereich im Normbereich und weist somit einen optimalen Blutdruckwert nach und ein Vorliegen von Gefährdungen durch ein Ausdauertraining ist auszuschließen.
Ruhepuls	72 Schläge/Minute
Bewertung:	Nach Mörike, Betz & Mergenthaler (2007) liegt der definierte Normwertbereich für den Ruhepuls erwachsener Menschen bei 60 – 80 Schlägen/Minute. Mit 72 Schlägen/Minute liegt der Proband im Normbereich und weist keinerlei Abweichungen auf.
Cardio-Stress-Index	31%
Bewertung:	Der Cardio-Stress-Index (CSI) wurde mit einem cardioScan-Gerät dokumentiert und bewertet. Laut cardioScan (2018) liegt ein erhöhtes Stresslevel aufgrund von psychischer und physischer Belastung und leichter Anspannung vor.
allgemeine Gesundheitszustand	
orthopädische Beschwerden	• Hallux valgus • Morbus Scheuermann
internistische Probleme	• keine bekannt
Einnahme von Medikamenten	• keine bekannt
gesundheitliche Einschränkungen	• keine bekannt

1.2 Leistungsdiagnostik/Ausdauertestung

Zur Leistungsdiagnostik wurde der Hollmann-Venrath-Test (H & V-Test) herangezogen, da dieser einer der etabliertesten Fahrradergometertests zur Erfassung und Beurteilung der Ausdauerleistungsfähigkeit darstellt. Der H & V-Test findet vor allem Anwendung bei jüngeren und trainierten Personen und wurde unter Betrachtung und Auswertung der allgemeinen und biometrischen Daten und unter Berücksichtigung des Leistungsstandes des Probanden als geeignete Ausdauertestung ausgewählt.

Die Pulsobergrenze für den Fahrradergometertest wurde über die maximale Herzfrequenz (Hf_{max}) ermittel. Die Hf_{max} für eine Belastung auf dem Radergometer lässt sich über folgende Formel ableiten:

$$Hf_{max} \, Rad = 200 \, S/min. - Lebensalter$$

$$Hf_{max} = 200 \, S/min. - 28 \, Jahre$$

Die individuelle maximale Herzfrequenz für den Probanden liegt somit bei 172 S/min.

Im Folgenden wird das komplette Testprotokoll inklusive aller testrelevanten Parameter dargestellt:

Tab. 2: Fahrradergometertest nach Hollmann & Venrath (H&V)

Testform:	Stufendauer:	Pulsobergrenze:	Gewicht:
H & V	3 min	172 S/min.	68kg
O submaximal	Belastungssteige-rung: 40 Watt	Ruhepuls: 72 S/min	
Eingangsbelastung: 30 Watt	Trittfrequenz: 60 – 80 U/min	Blutdruck: 100/80 mmgH	

Eingangstest	Datum: 18.11.2018			
Zeit	**Watt**	**Hf 1**	**Hf 2**	**Hf 3**
3 Minuten	30	100	102	105
6 Minuten	70	105	113	114
9 Minuten	110	120	128	137
12 Minuten	150	136	143	149
15 Minuten	190	153	157	160
18 Minuten	230	160	165	167
21 Minuten	270	171	178	-
Watt Gesamt	**230 Watt**			
Watt/kg	**3,43**			

Bewertung nach Norm-Tabelle	Die Auswertung der individuellen Testwerte ergibt eine Watt-Soll-Leistung von 3,43 Watt/kg für den Probanden. Anhand eines Vergleichs mit der Normwerttabelle nach IPN ist auswertend zu sagen, dass der Proband entgegen seiner persönlichen Einschätzung eine gut trainierte, über dem Durchschnitt liegende Ausdauerleistungsfähigkeit besitzt. Die ausgewerteten Testergebnisse geben nun Rückschluss für eine weitere konkrete Trainingsplanung und eine volle Belastbarkeit des Probanden.

1.3 Gesundheits- und Leistungsstatus der Person

Unter Berücksichtigung der allgemeinen und biometrischen Daten und der Bewertung der Leistungsdiagnostik ist der Proband als überdurchschnittlich leistungsfähig einzustufen. Die Blutdruck- und Ruhepulswerte liegen im Normbereich und weisen keinerlei Abweichungen auf. Gesundheitliche Einschränkungen oder internistische Probleme, sowie die Einnahme von Medikamenten ist auszuschließen. Einzig im orthopädischen Bereich liegen Einschränkungen durch Hallux valgus vor, welche jedoch im Vorfeld einem Orthopäden vorgestellt wurden. Durch das Tragen einer Einlage wurde den Beschwerden Abhilfe geschaffen und ein Training ist im vollen Maße uneingeschränkt möglich.

Der Proband ist demnach in vollem Umfang belastbar und eine gesundheitliche Gefährdung durch Ausdauertraining ist auszuschließen.

2 Zielsetzung/Prognose

Im Folgenden sind die konkreten Trainingsziele des Probanden dargestellt:

Tab. 3: Ableitung von Trainingszielen

Ableitung von Trainingszielen		
Inhalt:	Ausmaß:	Zeit:
Absenkung der Ruheherzfrequenz	Reduzierung um 2 Schläge/Minute	4 Wochen
Begründung		

Der derzeitige Ruhepuls liegt mit 72 Schlägen/Minuten im Normbereich kann aber optimiert werden. Eine Absenkung des Ruhepuls ist nach Reiß & Fikenzer (2013) wissenschaftlich gesehen um ½ Schlag/Woche durchaus möglich. Die Zielsetzung zur Absenkung der Ruheherzfrequenz um 2 Schläge in 4 Wochen ist demnach realistisch und überprüfbar.

Inhalt:	Ausmaß:	Zeit:
Verbesserung der Wattleistung beim submaximalen H&V-Test	Verbesserung im Vergleich zum Eingangstest	6 Wochen

Begründung
Das Ergebnis des submaximalen H & V-Test beträgt 3,43 Watt/kg und liegt somit im überdurchschnittlichen Leistungsbereich. Um eine Messbarkeit der Steigerung der Ausdauerleistungsfähigkeit sichtbar zu machen, wird der Proband nach Beendigung des 6-wöchigen Mesozyklus einen Re-Test durchführen. Angestrebt wird eine Verbesserung um die nächste Wattstufe im H & V-Test.

Inhalt:	Ausmaß:	Zeit:
Verbesserung der Stressbewältigung und Stressabbau	Senkung des Cardio-Stress-Index (CSI) auf ein niedriges Level (0 -25%)	6 Wochen

Begründung
Nicht nur die Ausdauerleistungsfähigkeit wird mit einem gezielten Ausdauertraining verbessert, auch im Organismus werden positive Effekte innerhalb des Zentralnervensystems erreicht. So stellt sich das vegetative Nervensystem nach Mühlfriedel (1987, S. 97) in Richtung Parasympathikus, welcher auch als „Erholungsnerv" bezeichnet wird und der Regeneration und dem Aufbau körpereigener Reserven dient. Er hat eine trophotrope Wirkung auf unseren Organismus. Durch ein kontinuierliches Ausdauertraining und der damit verbundenen Ansteuerung des Parasympathikus ist ein Stressabbau gewährleistet. Die Zielsetzung zur Verbesserung der Stressbewältigung und der damit einhergehende Stressabbau ist demnach realistisch und mit der Messung des Cardio Stress Index (CSI) vor Beginn des Mesozyklus und nach Beendigung des Mesozyklus überprüfbar.

3 Trainingsplanung Mesozyklus

3.1 Grobplanung Mesozyklus

Im Folgenden ist die Grobplanung des Mesozyklus dargestellt:

Tab. 4: Übersicht Grobplanung Mesozyklus

Grobplanung Mesozyklus Ausdauertraining	
Dauer des Mesozyklus	6 Wochen
übergeordnete spezifische Trainingsziel-setzung	Entwicklung der Grundlagenausdauer
wöchentlicher Gesamttrainingsumfang	120 – 180 Minuten
Trainingsmethode(n)	extensive Dauermethode variable Dauermethode
Belastungsintensitäten	60 – 75% Hf_{max} (extensiv) 60 – 85% Hf_{max} (variable)
Trainingshäufigkeit pro Woche	3-mal
Trainingsdauer für die Trainingseinheiten	40 – 90 min (extensiv) 30 – 90 min (variable)
Ausdauertrainingsgeräte bzw. Bewegungsformen	Laufen (Outdoor) Crosstrainer Fahrradergometer

3.2 Detailplanung Mesozyklus

Im Folgenden ist eine detaillierte Planung des Mesozyklus dargestellt:

Tab. 5: Übersicht Detailplanung Mesozyklus

Woche 1	Mo	Mi	Fr
Wöchentlicher Trainingsumfang: 125 Minuten			
Trainingsziel	GA 1	GA2	GA1
Trainingsmethode	extensive DM	variable DM	extensive DM
Trainingsintensität		60 – 65% Hf_{max}	

		(extensiv)	
	$60 - 70\%$ Hf$_{max}$	$65 - 70\%$ Hf$_{max}$	$60 - 70\%$ Hf$_{max}$
		(intensiv)	
Pulsobergrenze	120 S/min.	120 S/min.	120 S/min.
Pulsuntergrenze	103 S/min.	103 S/min.	103 S/min.
Trainingsdauer	45 min	40 min	40 min
Trainingsgerät	Fahrradergometer	Laufen	Crosstrainer
Woche 2	**Mo**	**Mi**	**Fr**
Wöchentlicher Trainingsumfang: 140 Minuten			
Trainingsziel	GA 1	GA2	GA1
Trainingsmethode	Extensive DM	Variable DM	Extensive DM
Trainingsintensität	$65 - 70\%$ Hf$_{max}$	$65 - 70\%$ Hf$_{max}$	$65 - 70\%$ Hf$_{max}$
		(extensiv)	
		$70 - 75\%$ Hf$_{max}$	
		(intensiv)	
Pulsobergrenze	120 S/min.	129 S/min.	120 S/min.
Pulsuntergrenze	112 S/min.	112 S/min.	112 S/min.
Trainingsdauer	50 min	45 min (5:5)	45 min
Trainingsgerät	Crosstrainer	Laufen	Fahrradergometer
Woche 3	**Mo**	**Mi**	**Fr**
Wöchentlicher Trainingsumfang: 160 Minuten			
Trainingsziel	GA 1	GA 2	GA1
Trainingsmethode	Extensive DM	Variable DM	Extensive DM
Trainingsintensität	$65 - 75\%$ Hf$_{max}$	$70 - 75\%$ Hf$_{max}$	$65 - 75\%$ Hf$_{max}$
		(extensiv)	
		$75 - 80\%$ Hf$_{max}$	
		(intensiv)	
Pulsobergrenze	129 S/min.	138 S/min.	129 S/min.
Pulsuntergrenze	112 S/min.	120 S/min.	112 S/min.
Trainingsdauer	60 min	50 min (5:5)	50 min
Trainingsgerät	Crosstrainer	Laufen	Fahrradergometer
Woche 4	**Mo**	**Mi**	**Fr**
Wöchentlicher Trainingsumfang: 125 Minuten			
Trainingsziel	GA 1	GA 2	REKOM

Trainingsmethode	Extensive DM	Variable DM	Extensive DM
Trainingsintensität	70 – 75% Hf$_{max}$	65 – 70% Hf$_{max}$ (extensiv) 70 – 75% Hf$_{max}$ (intensiv)	50 – 60% Hf$_{max}$
Pulsobergrenze	129 S/min.	129 S/min.	103 S/min.
Pulsuntergrenze	120 S/min.	112 S/min.	86 S/min.
Trainingsdauer	50 min	45 min. (5:5)	30 min
Trainingsgerät	Crosstrainer	Laufen	Fahrradergometer
Woche 5	**Mo**	**Mi**	**Fr**
Wöchentlicher Trainingsumfang: 175 Minuten			
Trainingsziel	GA 2	GA 1	GA2
Trainingsmethode	Variable DM	Extensive DM	Variable DM
Trainingsintensität	70 – 75% Hf$_{max}$ (extensiv) 75 – 80% Hf$_{max}$ (intensiv)	70 – 75% Hf$_{max}$	70 – 75% Hf$_{max}$ (extensiv) 75 – 80% Hf$_{max}$ (intensiv)
Pulsobergrenze	138 S/min.	129 S/min.	138 S/min.
Pulsuntergrenze	120 S/min.	120 S/min.	120 S/min.
Trainingsdauer	60 min (5:5)	55 min	60 min (5:5)
Trainingsgerät	Laufen	Crosstrainer	Laufen
Woche 6	**Mo**	**Mi**	**Fr**
Wöchentlicher Trainingsumfang: 180 Minuten			
Trainingsziel	GA2	GA1	GA2
Trainingsmethode	Variable DM	Extensive DM	Variable DM
Trainingsintensität	75 – 80% Hf$_{max}$ (extensiv) 80 – 85% Hf$_{max}$ (intensiv)	70 – 75% Hf$_{max}$	75 – 80% Hf$_{max}$ (extensiv) 80 – 85% Hf$_{max}$ (intensiv)
Pulsobergrenze	146 S/min.	129 S/min.	146 S/min
Pulsuntergrenze	129 S/min.	120 S/min.	129 S/min.
Trainingsdauer	70 min (5:5)	50 min	60 min (5:5)
Trainingsgerät	Laufen	Crosstrainer	Laufen

3.3 Begründung zum Mesozyklus

Begründung zum angestrebten wöchentlichen Belastungsumfang

Um die gewünschten Anpassungseffekte eines Ausdauertrainings zu erzielen, spielt der Belastungsumfang eine entscheidende Rolle. Dieser ist jedoch stark abhängig von Alter, Trainingsalter, Geschlecht, Belastbarkeit, dem zeitlichen Verfügungsrahmen sowie dem individuellen Leistungsziel des Kunden.

Nach dem Prinzip des trainingswirksamen Reizes sollte ein Training so gestaltet werden, dass eine bestimmte Intensitätsschwelle überschritten wird und eine Steigerung der Belastung stattfindet. Zu schwache, unterschwellige Reize bleiben damit wirkungslos und „leere Kilometer" werden dadurch vermieden. Wirken diese Trainingsbelastungen über einen längeren Zeitraum gleich, haben diese anfänglichen trainingswirksamen Reize auch keinen überschwelligen Charakter mehr und führen zu keiner weiteren Leistungssteigerung und würden nur noch der Stabilisierung/Aufrechterhaltung des Systems dienen. Um eine Leistungssteigerung wieder hervorzurufen muss der Belastungsumfang in regelmäßigen Abständen erhöht werden. Aus diesem Grund findet eine wöchentliche Anpassung des Belastungsumfangs statt. Die wöchentliche Belastungszeit wird von Woche 1 bis 3 in der GA1-Trainingsphase stetig erhöht, um ein Plateau zu vermeiden. In Woche 4 wird der Belastungsumfang reduziert, da der Organismus nach intensiven Belastungen Zeit zur Regeneration benötigt, um neuen Belastungen unter günstigen Voraussetzungen ausführen zu können. In Woche 5 bis 6 wird der Belastungsumfang erneut erhöht, da durch die regenerative Phase der Organismus in der Lage ist größeren Belastungen entgegenzuwirken und dadurch Belastungsspitzen erreicht werden können. Der Belastungsumfang in den letzten beiden Wochen liegt noch einmal deutlich höher als in den vorangegangenen Wochen, da der Trainingsreiz wirksam erhöht werden muss, um eine Verbesserung der Grundlagenausdauer zu begünstigen.

Begründung zu den ausgewählten Trainingsmethoden

Innerhalb des Mesozyklus wurde sich auf die Dauermethode festgelegt. Die Dauermethode, so Hottenrott (2010, S. 143), ist grundsätzlich gekennzeichnet durch eine kontinuierliche Belastung mit relativ langer Dauer. Die Basistrainingsmethode im Mesozyklus ist die extensive Dauermethode mit einer mittel-langen Belastungsdauer, in der das volle Intensitätsspektrum der Methode abgedeckt ist. Es wurde sich für diese Trainingsmethode entschieden, da es zur Verbesserung der aeroben Kapazität, der Senkung der Ruheherzfrequenz und zur Förderung der Regeneration führt. Als zweite Trainingsmethode wurde die variable Dauermethode herangezogen, da es sich hierbei um eine Mischform der extensiven und der intensiveren Dauermethode handelt und ein systematischer Wechsel zwischen niedrigeren und höheren Belastungsintensitäten stattfindet. Zudem zielt in der wechselhaften (variablen) Dauermethode der obere Herzfrequenz-Bereich auf die Entwicklung der Grundlagenausdauerfähigkeit 2 (GA2-Training) und der untere Herzfrequenz-Bereich auf die (Weiter)-entwicklung der Grundlagenausdauerfähigkeit 1 (GA1-Training) ab. Daraus resultieren durchaus breitere Anpassungseffekte, welche jedoch weniger ausgeprägt sind als in der extensiven oder intensiven Dauermethode der Fall wären.

Begründung zur Belastungsprogression

Im Trainingsprozess sollte darauf geachtet werden, dass die Ausbildung von Anpassungsvorgängen im Organismus stetig ansteigend erfolgt, nach dem Prinzip der allmählichen Belastungssteigerung. Das bedeutet das die Trainingsbelastungen zunehmend erhöht werden. In der ersten bis zur dritten Woche erfolgt eine Zunahme des Belastungsumfangs sowie der -intensität. Im Anschluss folgt eine Phase mit reduzierter Belastung, diese dient der Regeneration und dem Stressabbau, da jeder Organismus nach einer Trainingsbelastung seine Zeit zur Wiederherstellung benötigt. Nach Letzelter (1999) sollen im Sinne der progressiven Belastung die Trainingsanforderungen immer den aktuellen Trainingszustand einer Person entsprechen und angepasst werden. Denn bei gleichbleibenden äußeren Trainingsbelastungen führt dies im Organismus zu geringeren Anpassungen und/oder letztendlich zu keinerlei Anpassungen, da der gesetzte Trainingsreiz die Reizschwelle nicht mehr überschreitet. Im Zusammenhang damit steht das Prinzip der variierenden Belastung, welches besagt, dass sich mit gleichbleibenden Belastungen über einen längeren Zeitraum eine Stagnation des Leistungszuwachs einstellt, so Mühlfriedel (1987, S.21). Aus diesem Grund erfolgt in der fünften und sechsten Woche erneut eine Zunahme des Belastungsumfangs, sowie -intensität.

Die dreiwöchige GA1-Trainingsphase wird mit einer regenerativen Phase in der vierten Woche nach dem Be- und Entlastungsverhältnis von 3:1 abgeschlossen. Die regenerative Phase wird benötigt um den beanspruchten Organismus Zeit zur Wiederherstellung zu gewährleisten, denn nur so können in der anschließenden GA2-Trainingsphase Belastungsspitzen erreicht werden.

Begründung zu den angesteuerten Trainingsbereichen

Um eine effektive Entwicklung der Ausdauerleistungsfähigkeit zu erzielen, ist es günstig das Ausdauertraining in verschiedene Trainingsbereiche einzuteilen. Innerhalb des Mesozyklus liegt der Fokus auf drei Kerntrainingsbereichen: dem Regenerations- und Kompensationsbereich (REKOM), Grundlagenausdauerbereich 1 (GA1) und Grundlagenausdauerbereich 2 (GA2).

Die Trainingsproportionen hinsichtlich der einzelnen Trainingsbereiche verteilen sich zu zwei Drittel auf das GA1-Training und ein Drittel auf das GA2-Training. In Woche 4 wurde ein REKOM-Training eingeplant, da in den darauffolgenden Wochen eine Intensitätszunahme erfolgt.

In den ersten vier Wochen des Mesozyklus liegt der Fokus des Trainings im Grundlagenausdauerbereich 1, da dieses Training dem Aufbau einer Grundlagenausdauer dient und im Laufe des Mesozyklus zu einer Stabilisierung und Verbesserung des GA1-Bereichs beiträgt. Zudem führt das Training in diesem Bereich zu einer Zunahme des aeroben Stoffwechsels, sowie des Fettstoffwechsels und einer Abnahme der Ruheherzfrequenz, welche ein konkretes Ziel des Probanden darstellt. Um einer Leistungsstagnation entgegenzuwirken ist es oberstes Ziel der Trainingsplanung, das Leistungsniveau des Trainierenden aufzubauen und zu entwickeln. Aus diesem Grund erfolgt in Woche 5 des Mesozyklus eine Veränderung des Kerntrainingsbereichs. Fokus der letzten beiden Wochen liegt nach dem Aufbau der Grundlagenausdauer (GA1) nun in der Weiterentwicklung der Grundlagenausdauer im Grundlagenausdauerbereich 2 (GA2). Grundsätzlich ist zu beachten, dass ein GA2-Training nur nach dem Aufbau des GA1-Bereichs sinnvoll und wirksam ist, da es zu einer Überschreitung der aeroben Leistungsfähigkeit und zu einer zeitweiligen Inanspruchnahme des aerob- anaeroben Stoffwechsels führt.

Um dem Trainierenden optimal auf die Anforderungen des GA2-Bereiches vorzubereiten, wird in der vierten Woche eine Trainingseinheit im Regenerations- und Kompensationsbereich ausgeführt. Somit wird die Regeneration aktiv unterstützt und der Trainierende ist belastbarer für die nachfolgenden intensiven Trainingseinheiten im GA2-Bereich.

Begründung der ausgewählten Ausdauergeräte bzw. Bewegungsformen

Die Auswahl des richtigen Trainingsgeräts oder Bewegungsform richtet sich immer nach dem aktuellen Leistungs- und Gesundheitszustand des Trainierenden und dessen konkrete Zielsetzung. Da für den Probanden die Verbesserung der Ausdauerleistungsfähigkeit und des Herz-Kreislaufsystems im Fokus steht, wurde sich auf ein Training mit dem

Crosstrainer und freiem Laufen (Jogging) konzentriert, da hier eine Vielzahl von Muskeln aktiviert werden, welche zu einem höheren Gesamtenergieumsatz und einem größeren cardiopulmonalen Effekt im Training führen. Zudem sollte bei der Auswahl der richtigen Geräte bzw. Bewegungsformen darauf geachtet werden, dass es sportartspezifisch ausgewählt wird. Da sich der Proband als Sportlehrer häufig im Lauf befindet und konditionell gut für eine Unterrichtseinheit gestärkt sein sollte, liegt das Hauptaugenmerk in der Bewegungsform des Laufens. Hier findet die größte Bewegungsübertragung in den Alltag statt. Um eine Überlastung oder Schädigung der Gelenke durch eine zu häufige Laufbelastung zu vermeiden, trainiert der Proband zudem auf dem Crosstrainer, da dieser eine geringere Belastung auf den Bewegungsapparat verursacht.

In den ersten vier Wochen des Mesozyklus findet eine Trainingseinheit pro Woche auf dem Fahrradergometer statt, da eine Überlastung des Bewegungsapparates vermieden werden sollte. Das Radergometer wird ausschließlich für die letzten Trainingseinheiten der Woche eingesetzt, da diese von der Belastung geringer geplant wurden und durch den Einsatz weniger Muskelgruppen geringere Belastungen für den Organismus entstehen. Dadurch wird ein Übertraining und das Verletzungsrisiko reduziert und eine Regeneration nach der Trainingswoche begünstigt.

4   Literaturrecherche

Im Folgenden werden zwei Humanstudien mit der Thematik „Effekte des Ausdauertrainings bei chronisch obstruktiven Atemwegserkrankungen" übersichtlich vorgestellt:

Tab. 6: Effekte des Ausdauertrainings bei chronisch obstruktiven Atemwegserkrankungen (COPD)

Funktionelle Effekte unterschiedlicher Trainingsformen bei Patienten mit COPD	
Wer hat die Studie durchgeführt?	Würtemberger, G. & Bastian, K.
In welchem Jahr wurde die Studie publiziert?	2001
Versuchspersonen der Studie	69 Patienten mit mittel – bis schwergradiger COPD (davon 44 Männer/25 Frauen)
Versuchsaufbau	Die Versuchspersonen wurden zur Klärung der Effizienz von Ausdauertraining (Gruppe 1 und 4), Krafttraining (Gruppe 2 und 5) und einer Kombination von beiden

	(Gruppe 3 und 6) in einem randomisierten dreiwöchigen stationären Trainingsprogramm ohne (Gruppe 1 – 3) und mit Sauerstoffzugabe (Gruppe 4 – 6) untersucht. Vor und nach dem Rehabilitationsprogramm wurde bei alle Versuchsprobanden ein Lungenfunktionstest, sowie Belastungstest durchgeführt. Die subjektive Dyspnoe wurde anhand einer visuellen Analogskala und das bestehende Belastungsgefühl mit der Borg-Skala ermittelt. Das Ausdauertraining wurde 3mal wöchentlich auf einem kalibrierten Fahrradergometer mit 70% der max. Leistungsfähigkeit durchgeführt. Das Krafttraining orientierte sich im Kraftausdauerbereich und wurde 3mal wöchentlich mit 40% der berechneten Maximalkraftleistung von den Probanden erbracht.
relevante Ergebnisse und Schlussfolgerungen der Studie	Die Lungenfunktion und arteriellen Blutgase blieben unverändert. Der Belastungstest (6-Minuten-Gestreckentest) zeigte bei allen Gruppen eine signifikante Zunahme der Gehstrecke von 60 – 83 m. Der TAF-Test verbesserte sich in allen Gruppen um 5 – 58 Sekunden und erreicht bei den Probanden der Ausdauergruppe und der kombinierten Gruppe Signifikanzniveau. Die Dyspnoe besserte sich in allen Gruppen, jedoch signifikant in der Ausdauergruppe. Die Untersuchungen belegen die Effizienz eines kurzzeitigen stationären Rehabilitationsprogramm. Die Verbesserung der Belastbarkeit und der Dyspnoe tragen zu einer Steigerung der täglichen Aktivität bei

	und steigern somit die Lebensqualität und Wohlbefinden der Patienten mit einer COPD.

Tab. 7: Effekte des Ausdauertrainings bei chronisch obstruktiven Atemwegserkrankungen (COPD)

Der Effekt von einem Jahr ambulanter pneumologischer Rehabilitation auf Patienten mit COPD	
Wer hat die Studie durchgeführt?	Zwick, R., Burghuber, O., Dovjak, N., Hartl, S., Kössler, W., Lichtenschopf, A. & Müller, R.
In welchem Jahr wurde die Studie publiziert?	2009
Versuchspersonen der Studie	100 Patienten mit der Diagnose COPD II - IV, davon 42 weibliche und 58 männliche Probanden mit einem mittleren Alter von 60,5 ± 9,6 Jahren und einem BMI von 25,8 ± 6,0
Versuchsaufbau	Durchgeführt wurde ein einjähriges multidisziplinäres Rehabilitationsprogramm, welches sowohl Ausdauer-, Kraft- und inspiratorisches Atemmuskeltraining beinhaltet. Zur Erfolgsüberprüfung wurden vor und nach dem Rehabilitationsprogramm folgende Messungen durchgeführt: Spiroergometrie, modifizierter Bruce Test, Kraft der Extremitäten, sowie die inspiratorische Atemmuskelkraft
relevante Ergebnisse und Schlussfolgerungen der Studie	Die Spiroergometrie ergab nach dem Rehabilitationsprogramm eine Verbesserung von 1,1 auf 1,3 l/min. Die Kraft der Extremitäten, sowie der modifizierte Bruce Test

verbessersten sich signifikant gegenüber den Ausgangswerten vor dem Programm. Der maximale inspiratorische Druck stieg signifikant von 81,1 auf 108,8 mbar. Das multidisziplinäre Rehabilitationsprogramm führte zu keiner Verbesserung des forcierten exspiratorischen Volumens und der Lungenfunktion, jedoch kam es zur Reduktion der Exazerbationsraten, sowie der Hospitalisationstage von 27 auf nur noch 3 Tage.

Schlussfolgernd ist zu sagen, dass ein Jahr ambulante pneumologische Rehabilitation zu deutlichen Verbesserungen der körperlichen Leistungsfähigkeit und der Lebensqualität (gesundheitsbezogen) führen.

5 Literaturverzeichnis

Baumann, H. & Reim, H. (1994). *Bewegungslehre*. Frankfurt am Main: Moritz Diesterweg.

cardioscan GmbH (2018). *How to check. Leitfaden für die Messung mit dem cardioscan Checkpoint.* Hamburg: cardioscan GmbH

Hottenrott, K. & Neumann, G. (2010). *Trainingswissenschaft. Ein Lehrbuch in 14 Lektionen. Band 7.* Aachen: Meyer & Meyer.

Hottenrott, K. (1997). *Ausdauertraining. Intelligent effektiv erfolgreich* (4. Aufl.). Lüneburg: Wehdemeier & Pusch.

Hottenrott, K. (2006). Trainingskontrolle mit Herzfrequenz-Messgeräten (1. Aufl.) Aachen: Meyer & Meyer.

Hüter-Becker, A. & Dölken, M. (Hrsg.). (2011). *Biomechanik, Bewegungslehre, Leistungsphysiologie, Trainingslehre* (2. Aufl.). Stuttgart: Thieme.

Kunsch, K., Kunsch, S. & Schaal, S. (2006). *Der Mensch in Zahlen. Eine Datensammlung in Tabellen mit über 20000 Einzelwerten. (4. Aufl.)* Berlin Heidelberg: Springer. S. 84f

Letzelter, M. (1999). *Trainingsgrundlagen*. Leipzig: Rowohlt.

Lindinger, S. (2003). *Einführung in die Trainingswissenschaft*. Salzburg: Universität Salzburg.

Mörike, K., Betz, E. & Mergenthaler, M. (2007). *Biologie des Menschen (15. Aufl.)* Heidelberg: Nikol.

Mühlfriedel, B. (1994). *Trainingslehre*. Frankfurt am Main: Moritz Diesterweg.

Neumann, G. & Hottenrott, K. (2002). *Das große Buch vom Laufen.* Aachen: Meyer & Meyer.

WHO/ISH-Guideline-Subcommittee (1999): *World Health Organization – International Society of Hypertension Guidelines for the Management of hypertensions.* Journal of Hypertens. 17.

Zwick, R., Burghuber, O., Dovjak, N., Hartl, S., Kössler, W., Lichtenschopf, A. & Müller, R. (2009). *Der Effekt von einem Jahr ambulanter pneumologischer Rehabilitation auf Patienten mit COPD.* Wien: Springer.

6 Tabellenverzeichnis

6.1 Tabellenverzeichnis